BEI GRIN MACHT SICH IHR WISSEN BEZAHLT

AF136097

- Wir veröffentlichen Ihre Hausarbeit, Bachelor- und Masterarbeit

- Ihr eigenes eBook und Buch - weltweit in allen wichtigen Shops

- Verdienen Sie an jedem Verkauf

Jetzt bei www.GRIN.com hochladen und kostenlos publizieren

Bibliografische Information der Deutschen Nationalbibliothek:

Die Deutsche Bibliothek verzeichnet diese Publikation in der Deutschen National-
bibliografie; detaillierte bibliografische Daten sind im Internet über http://dnb.d-
nb.de/ abrufbar.

Impressum:

Copyright © 2014 GRIN Verlag, Open Publishing GmbH
Druck und Bindung: Books on Demand GmbH, Norderstedt Germany
ISBN: 9783656688914

Dieses Buch bei GRIN:

http://www.grin.com/de/e-book/274881/bewerten-eines-druckergebnisses-nach-
qualitaetsstandards-mit-hilfe-des-spektralfotometer

Simon Wening

Bewerten eines Druckergebnisses nach Qualitätsstandards mit Hilfe des Spektralfotometer und Farbvorlagen (Unterweisung Drucker, -in)

GRIN Verlag

GRIN - Your knowledge has value

Der GRIN Verlag publiziert seit 1998 wissenschaftliche Arbeiten von Studenten, Hochschullehrern und anderen Akademikern als eBook und gedrucktes Buch. Die Verlagswebsite www.grin.com ist die ideale Plattform zur Veröffentlichung von Hausarbeiten, Abschlussarbeiten, wissenschaftlichen Aufsätzen, Dissertationen und Fachbüchern.

Besuchen Sie uns im Internet:

http://www.grin.com/

http://www.facebook.com/grincom

http://www.twitter.com/grin_com

onzept einer praktischen Unterweisung im Rahmen der Ausbildereignungsprüfung.

Ausbildungsberuf:

Medientechnologe/in Druck

Thema der Unterweisung:

Bewerten eines Druckergebnisses nach Qualitätsstandards mit Hilfe des Spektralfotometer und Farbvorlagen (Farbfächer, Kundenmuster etc.)

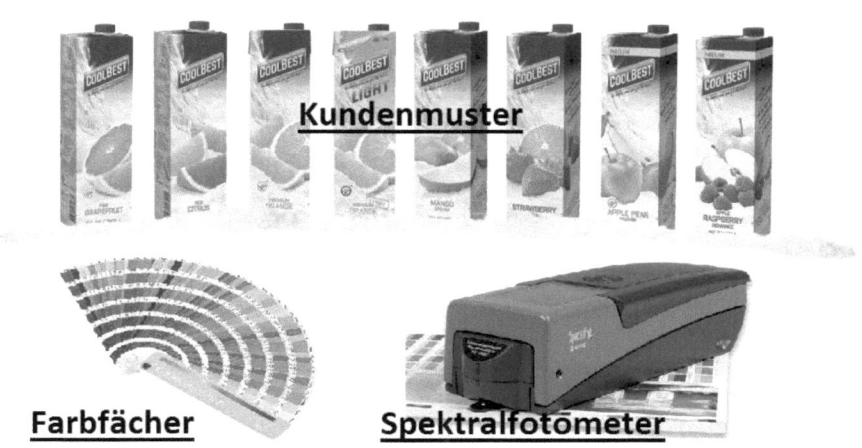

Kundenmuster

Farbfächer   Spektralfotometer

Inhaltsverzeichnis

1. Rahmenbedingungen

1.1 Adressatenanalyse

Der Auszubildende S. ist 18 Jahre alt und hat die Fachoberschulreife erfolgreich auf der Hauptschule erworben. Er ist seit dem 01.09.2013 Auszubildender und hat die Probezeit vorbildlich abgeschlossen. Mittlerweile ist er in den innerbetrieblichen Ablauf gut integriert und befindet sich noch im ersten Ausbildungsjahr. Die Verantwortlichkeit für den Auszubildenden obliegt einem hauptberuflichen Ausbilder sowie der Geschäftsleitung. Der Auszubildende hat bereits einen mehrtägigen Firmenrundgang bekommen und kennt nun die einzelnen Produktionsschritte der anderen Abteilungen. In den letzten Wochen verbrachte er viel Zeit damit, seinem Kollegen an der Andruckmaschine zu helfen und ihm über die Schulter zu schauen. In einem Gespräch mit dem Auszubildenden stellte ich fest, dass er sich schon gut in der Firma zurechtfindet. Er weiß wo er Farben, Papier und Muster etc. findet und wie er mit diesen Dingen ordnungsgemäß umzugehen hat.
Bei dem Auszubildenden fallen seine Freundlichkeit, seine Lernfähigkeit, sein Ideenreichtum und seine hohe Motivation sehr positiv auf. In Gesprächen mit Fachkräften aus seinem näheren Arbeitsumfeld wurden diese Eigenschaften ebenfalls genannt. Allerdings muss seine fehlende Selbstständigkeit, z.B. das Lösen und Beheben von Problemen, weiterhin erarbeitet werden. Wie oben beschrieben, kennt er den richtigen Umgang mit den Arbeitsmitteln. Jetzt müssen wir noch an seiner Selbstständigkeit arbeiten. Beispiel: „Warum drucken wir in einer festgelegten Druckreihenfolge und welche Folgen hat es für uns, wenn wir uns nicht daran halten. Wie behebe ich mögliche Fehler?"

1.2 Ausbildungsbetrieb

Die Ausbildung findet bei Matthews Standort Saueressig in Vreden statt, wo zurzeit ca. 600 Mitarbeiter, darunter insgesamt 60 Auszubildende, tätig sind. Von den 60 Auszubildenden werden zwei im Berufsbild-Drucker ausgebildet, einer im ersten und einer im zweiten Lehrjahr. Mit allen weltweit angesiedelten Standorten sind es ca. 7000 Mitarbeiter.
Bei Saueressig werden Tiefdruckzylinder gefertigt. Diese werden anschließend im Andruck geprüft. Das bedeutet: Reproduktion/Design > Stahlkern > Aufkupfern > Gravieren > Verchromen > **Andrucken (Druckvorlagen erstellen, die für den Auflagendruck beim Kunden in den Druckereien benötigt wird)*** > Ausliefern
*Der Auszubildende wird in den dick markierten Bereichen ausgebildet.

2. Begründung der Themenwahl

2.1. Abgrenzung des Themas

Das Thema "**Bewerten eines Druckergebnisses nach Qualitätsstandards mit Hilfe des Spektralfotometer und Farbvorlagen (Farbfächer, Kundenmuster etc.)**" wurde gewählt, um dem Auszubildenden die Fertigkeiten zu vermitteln, mit denen er im späteren Berufsleben immer wieder zu tun haben wird. Im innerbetrieblichen Bereich ist das Messen und Bewerten der Druckerzeugnisse von großer Bedeutung.
Im Produktionsbereich werden Unterschiede zwischen dem Druckprodukt und der Farbvorlage mit Hilfe des Spektralfotometer gemessen oder visuell betrachtet. Die im Produktionsbereich gefertigten Erzeugnisse werden nach internen Vorgaben oder Kundenvorgaben hergestellt und somit ist es sehr wichtig, alle gegebenen Toleranzen unbedingt einzuhalten

2.2. Zeitliche Einordnung

Das Thema "Bewerten eines Druckergebnisses nach Qualitätsstandards mit Hilfe des Spektralfotometer und Farbvorlagen (Farbfächer, Kundenmuster etc.)" fällt unter den Abschnitt "Steuern von Druckprozessen" und wird innerbetrieblich in den ersten 18 Monaten behandelt. Der zeitliche Rahmen für die gesamte Ausbildungseinheit beträgt etwa 28 Wochen. Dieses Thema sollte im betrieblichen Ausbildungsplan vorab behandelt werden, bevor man mit dem Vermitteln des Steuerns der Druckmaschine und des eigenständigen Druckprozesses anfängt.

2.3.Richtlinienbezug

Dieses Thema ist Bestandteil des Ausbildungsrahmenplans für den/die Tiefdrucker/in. Es fällt unter das Thema „Steuern von Druckprozessen, Druckergebnis visuell und messtechnisch prüfen, Messparameter auswählen, Vergleich zwischen Druckergebnis und der Sollvorgabe (§ 4 Absatz 2 Abschnitt A3)". Gleichzeitig ist es ein Thema bei der Zwischenprüfung, sowie bei der Abschlussprüfung.

2.4.Vorher gewonnene Kenntnisse

I.   unterscheiden zwischen **subtraktiver** und **additiver Farbmischung**
       (Beispiel: **Sub. Farbmi.** = es lassen sich alle Farbe mischen aus den
       Körperfarben Cyan, Magenta, Yellow und Black)
       (Beispiel: **Add. Farbmi.** = Der Pc-Monitor erstellt alle Farben mit den
       Farben/Birnen Rot, Grün, Blau)

II.   unterscheiden zwischen **Farbproof** und **Kundenmuster**
       (ein **Farbproof** ist ein farbverbindlicher Ausdruck eines Proofdruckers)
       (ein **Kundenmuster** ist ein vom Kunden geliefertes Muster wie z.b. eines
       bereits vorher gelaufendes Druckproduktes oder eine Bierkiste wo ein
       Farblich passendes Etikett für gedruck werden muss)

III.   unterscheiden zwischen **Sonderfarben** und **Skalen/Prozessfarben**
       (**Sonderfarben** sind festgelegte Farbtöne, die beim Farbhersteller fertig
       gemischt bestellt werden können oder selbst nachzumischen sind,
       sprich „Sub. Farbmischung")
       (**Skalenfarben/Prozessfarben** sind die Farben, die man braucht, um ein
       „buntes Bild", wie sie es kennen, zu drucken.
       Es lassen sich theoretisch alle Farbtöne damit darstellen,
       bis auf metallische Farben.

2.5. Folgende Ausbildungseinheiten

Wenn die grundliegenden Methoden des Begutachtens und des Betrachtens des Druckergebnisses verstanden und vertieft sind, fangen wir an, dem Auszubildenden beizubringen, wie man selbstständig einen Druck erstellt und diesen mit den vorher gewonnenen Kenntnissen begutachtet.

3. Festlegen von Lernort und Zeitpunkt/Dauer

3.1. Lernort

Der Besprechungsraum, der gleichzeitig für Kundengespräche und innerbetriebliche Schulungen genutzt wird, ist ein heller Raum, der wiederum in einem ruhigen Teil des Betriebes liegt und die optimalen Bedingungen für eine Unterweisung aufweist. In diesem Besprechungsraum finden bis zu zehn Personen Platz. Für die Unterweisung wurde dieser Raum gewählt, um dem Auszubildenden eine ruhige, lernfreundliche Atmosphäre zu bieten. Zusätzlich ist der Raum mit D50 Normlicht ausgestattet, was für eine einheitliche Farbbegutachtung sowie Messung zwingend erforderlich ist. Außerdem ist der Raum mit einem Computer mit Internetzugang ausgestattet, damit der Azubi sich mithilfe der Leitfragen eventuell fehlendes Infomaterial selbstständig beschaffen kann. Für den praktischen Teil der Unterweisung wechselt der Auszubildende den Lernort. Die weitere Unterweisung findet an seinem regulären Arbeitsplatz (Andruckmaschine) statt, wo er zuvor der UVV unterwiesen worden ist.

3.2. Unterweisungszeitpunkt und Dauer

Die Unterweisung findet kurz nach der Frühstückspause, gegen 9:30 Uhr, statt. Für diesen Zeitpunkt spricht die biologische Leistungskurve des Menschen. Als Dauer der Unterweisung sind 2 Stunden vorgesehen. Eine Pause ist während dieser Zeit nicht erforderlich.

4. Lernziele

4.1. Richtlernziel

Das Richtlernziel lautet, nach § 4 Abs. 2 A der Ausbildungsordnung, Ausbildungsberufsbild Nr. 3: „Steuern von Druckprozessen".

4.2. Groblernziel

Das Groblernziel (§ 4 Abs. 2 A Nr. 3) laut Ausbildungsrahmenplan lautet: „Druckergebnis visuell und messtechnisch prüfen, Messparameter auswählen, Messtechnik anwenden, Messresultate auswerten, Vergleich zwischen Druckergebnis und Sollvorgaben vornehmen, Maßnahmen zur Korrektur des Fortdruckergebnisses ableiten".

4.3. Feinlernziel

Der Auszubildende soll in der Lage sein, eigenständig den Arbeitsauftrag „Messen und Bewerten mit einem Spektralfotometer und einer Farbvorlage" auszuführen. Bei der Vermittlung des Feinlernzieles sollen folgende Lernbereiche angesprochen werden, die seine Fach-, Methoden-, Sozial- und Selbstkompetenz fördern sollen.

- **Kognitiver Bereich**:
  Der Auszubildende soll die Funktionsweise des Spektralfotometers kennen, verstehen, erklären und richtig anwenden können (Fachkompetenz). Er soll die Messwerte richtig ermitteln, die Ergebnisse analysieren, vergleichen und beurteilen können (Methodenkompetenz). Der Auszubildende soll wissen, welche Auswirkungen eine ungenaue Messung auf die Qualität des fertigen Druckproduktes hat (Fachkompetenz). Er soll die vorgegebenen Toleranzen kennen und beurteilen können, ob der Druckprozess gestartet werden kann, oder entsprechende Korrekturen zu planen sind (Selbstkompetenz).

- **Psychomotorischer Bereich**: Der Auszubildende soll das Spektralfotometer richtig positionieren und im unveränderten Winkel messen, um so gleichbleibende und genaue Messergebnisse zu erzielen. Durch wiederholendes Üben soll er Feingefühl hierfür entwickeln. Hierdurch soll seine Selbstkompetenz verbessert werden.

- **Affektiver Bereich**: Der Auszubildende soll pfleglich mit den Druckvorlagen und Messgeräten umgehen und die Messungen gewissenhaft und verantwortungsvoll, unter Einhaltung der UVVs durchführen können (Sozial- und Selbstkompetenz). Er soll sich mit den Messwerten auseinandersetzen, sie vergleichen und richtig überprüfen können. Dies fördert seine Sozial- und Selbstkompetenz.

5. Planung und Durchführung der Ausbildungseinheit

5.1. Lehrmethode

Als Unterweisungsmethode dient die Leittext-Methode oder 6 Stufen-Methode.

Sie besteht aus 6 Phasen:

1. Informieren
2. Planen
3. Entscheiden
4. Ausführen
5. Kontrollieren
6. Bewerten

5.2. Begründung der Lehrmethode

Im Vorfeld habe ich im Gespräch mit Kollegen und mit Hilfe der Adressatenanalyse feststellen können, dass bei dem Auszubildenden Förderungsbedarf in Hinsicht auf die Selbstständigkeit besteht.

Die Wahl der Lernmethode wurde getroffen, um die fehlende Selbstständigkeit, speziell im Bereich der Erarbeitung und Lösung von Problemen, zu fördern, da bei dieser Methode der Auszubildende aktiv einbezogen wird. Es werden Schlüsselqualifikationen, wie Selbstständigkeit, Problemlösungs- oder Präsentationsfähigkeiten gefördert.

In diesem Fall können wir uns den größten Vorteil der Leittext-Methode zu Nutze machen, da gewisse Eigenschaften des Auszubildenden gegeben sind.

Da der Auszubildende ein großes Ideenreichtum besitzt und sehr lernwillig ist, kann man ihm mit Hilfe der Leittextmethode ein großes Stück Selbstständigkeit und Problemlösungsgeschick vermitteln.

Die Leittext-Methode lässt den Lernenden selbstständig die Aufgaben erarbeiten.

Ich gebe ihm Infos, mit welchen Quellen er sich die Lösungsansätze erstellen kann und komme erst wieder hinzu, wenn es um das entscheiden des weiteren Vorgehens geht.

Nachdem man sich gemeinsam für einen richtigen Weg entschieden hat, führt der Auszubildende wieder selbstständig aus.

Er kontrolliert das Ergebnis der Aufgabe selbstständig. Somit lässt man ihm die Möglichkeit, sich selber ein Bild davon zumachen was gut gelaufen ist und was er hätte anders machen müssen. Danach kommt erst der Ausbilder hinzu und wertet gemeinsam mit ihm das Ergebnis aus.

5.3. Durchführung der Unterweisung

Zeit in Minuten	Unterwei-sungs-schritt	Unterweisungsinhalt	Begründung	Hilfsmittel Kommunika-tion	Beabsichtigter Effekt Schlüsselqualifikation
10 Min.	Einleitung	Begrüßung, offenes Gespräch	Anspannung des Auszubildenden lösen, positives Lernklima schaffen	Gespräch	Ein Vertrauensverhältnis schaffen
		Unterweisungsthema verkünden	Ziele darlegen	Vortrag, Präsentation	Interesse des Auszubildenden hervorrufen
		Lernziele nennen			Motivation schaffen
		Bezug zum Ausbildungsrahmenplan und betrieblichen Ausbildungsplan	Nach Richtvorgaben der Ausbildung arbeiten und Bezug zum Betrieb nehmen		Positive Auswirkung auf die Lernbereitschaft
		Abfragen des letzten Unterweisungsthemas	Überprüfen ob er es verstanden hat, Vertiefung durch Wiederholung	Frage u. Antwort	Fachkompetenz und Handlungskompetenz aufbauen und stärken
		Vorhergegangene Einheiten mit einfließen lassen	Themen miteinander in Verknüpfung setzen		Verbindung zum späteren Arbeitsprozess setzen
		Vorwissen prüfen	Das Bekannte mit einfließen lassen		Vom Bekannten zum Unbekannten, guter Einstieg in das neue Thema, Überforderung ausschließen
		Lehrmittel liegen vor	Strukturiert arbeiten/lernen		Lernerfolg

Erstellt durch: Simon Wening

5..4. Unterweisung zum Thema Bewerten eines Druckerergebnisses

Zeit minuten	Unterweisungsschritt	Unterweisungsinhalt	Begründung	Hilfsmittel Kommunikation	Beabsichtigter Effekt Schlüsselqualifikation
5 in.	1. Informieren	Ich bespreche mit dem Auszubildenden die Aufgabe, ich gebe ihm alle Infos (Leittexte, Beschreibungen, Infoblätter), die er zur Lösung der Aufgabe benötigt.	Ich gebe ihm die Infos und sage ihm, wo er sie finden kann. Somit kann ich falsche Infoquellen weitestgehend ausschließen.	Leitfragen, Infomaterial, Internet	Der erste Schritt des selbstständigen Handeln, Auffassungsgabe
in.	2. Planen	Der Lernende bearbeitet mit Hilfe der Leitfragen die Aufgaben und erstellt somit einen Arbeitsplan für das weitere Vorgehen.	Auszubildender macht sich selbstständig an die Problemlösung	Leitfragen, Stift & Papier	Kreativität und Selbstständigkeit in der Beschaffung von Infos (Organisationsfähigkeit)
in.	3. Entscheiden	Der Lehrling präsentiert seinen Lösungsvorschlag und wir besprechen gemeinsam die einzelnen Punkte. Sollten Fehler in der Planung sein, erarbeiten wir gemeinsam die Lösung.	Ausbilder überprüft, ob sich der Azubi das benötigte Wissen angeeignet hat und er die Arbeitsaufgabe richtig geplant hat.	Fachgespräch	Kooperationsfähigkeit
in.	4. Durchführen	Der Auszubildende führt die entsprechende Arbeitsaufgabe anhand der zuvor festgelegten Planung aus.	Zuvor gewonnenes Wissen wird in die Tat umgesetzt	Bearbeitete Leittexte /Aufgaben	Selbstständiges Handeln
in.	5. Kontrollieren	Der Auszubildende kontrolliert und bewertet den Druck selbstständig	Dem Auszubildenden die Chance geben, die erbrachte Leistung selbstkritisch zu bewerten	Selbsterarbeitete Kontollinstrumente	Vollenden der vollständigen Handlung, Selbstsicherheit
in.	6. Auswerten	Der Ausbilder wertet den Arbeitsprozess und das Ergebnis gemeinsam mit dem Auszubildenden aus	Dem Auszubildenden mitteilen, was gut gelaufen ist und wo er in Zukunft noch dran arbeiten muss	Gespräch	Lob fördert die Motivation, Kritik hilft dem Auszubildenden an seinen Fehlern zu arbeiten und somit in Zukunft noch mehr Lob zu erhalten

Erstellt durch: Simon Wening

5.5. Kontrollphase & Abschluss

Zeit in Minuten	Unterweisungsschritt	Unterweisungsinhalt	Begründung	Beabsichtigter Effekt Schlüsselaqualifikation
10 Min	Lernziel-kontrolle	Lernerfolgskon-trolle mithilfe eines „Frage&Antwort" Gespräches. Der Lehrling bekommt einen Lückentext zum ausfüllen vorgelegt	Der Inhalt der Unterweisung wird gefestigt, Einprägen durch Wiederholung	Sicherung der Handlungskompetenz
			Der Auszubildende wird motiviert und bekommt Bestätigung, weil er die meisten Lösungen kennt	Dieses dient zusätzlich der Festigung der erlernten Fertigkeiten
1 Min	Übungs-aufgabe	Der Auszubildende bekommt eine ähnliche Übungsaufgabe, allerdings ist es dieses mal ein richtiger Kundenauftrag.	Er bekommt diese Aufgabe in erster Linie zum festigen. Des Weiteren kann er das gelernte Wissen jetzt mit einem richtigen Auftrag in Verbindung bringen.	Es lässt sich überprüfen, ob er nun das erlernte Fachwissen selbstständig anwendet kann.
2 Min	Abschluss	Eingehen auf das kommende Thema der nächsten Unterweisung	Interesse wecken, Aufbau auf die vorherigen Unterweisungen	Motiviert zum Lernen, Zusammenhänge der einzelnen Unterweisungsthemen
		Das gelernte Thema wird in das Berichtsheft niedergeschrieben	Nachweis der gemachten Ausbildungsziele	Erneutes vor Augen führen der Lerninhalte, Festigung
		Ich Frage den Auszubildenden, ob er Verbesserungsvor-schläge für die nächste Unterwesung hat	Den Auszubildenden in Gestaltung der Ausbildung mit einbeziehen	Das Gemeinschafts-Gefühl stärken
		Bedanken & Verabschieden	Positiver Abschluss	Selbstbewusstsein wird gestärkt

6. Kontrolle

6.1. Lernerfolgskontrolle

Den Lernerfolg kontrolliere ich zuerst anhand einer Sichtkontrolle inklusive durchmessen der Werte des Druckererzeugnisses (siehe Aufgabe 4, Aufgabenblatt).
Daraufhin werde ich dem Auszubildenden Fragen stellen, um sicher zu gehen, dass er die einzelnen Arbeitsschritte und das Ziel der Unterweisung verstanden hat. Anschließend bekommt er einen Lückentext und einen neuen Arbeitsauftrag zur Festigung.

6.2. Bewertungsmaßstab

Wenn der Auszubildende den Arbeitsauftrag und die einzelnen Arbeitsschritte richtig beschreiben und begründen kann, hat er es richtig gemacht und besitzt die nötige Fachkompetenz.
Wenn er die einzelnen Schritte der Unterweisung auch auf andere Fälle (Drucke) anwenden kann und aus Fehlern die richtigen Lösungsansätze entwickelt, dann besitzt er Methodenkompetenz.
Die Sozialkompetenz erkenne ich daran, dass der Auszubildende mit mir kooperiert (3. Entscheiden, 6. Auswerten) und sich mir gegenüber situationsgemäß verhält. Aber auch eine genaue und sorgfältige Arbeitsausführung spiegelt seine Sozialkompetenz wieder.
Die Selbstkompetenz macht sich erkennbar durch die Motivation, die der Auszubildende in Bezug auf die Aufgabe hat. Zeigt er Eigeninitiative bei der selbstständigen Arbeitsaufgabe und strukturiert er die einzelnen Arbeitsabläufe, so zeigt dies auch seine Selbstkompetenz.

6.3. Selbstkontrolle

Nach der Unterweisung gehe ich den Ablauf noch einmal systematisch durch und mache mir Gedanken / Stichpunkte darüber, was ich zukünftig beibehalten werde oder eventuell ändern muss, um die Inhalte dem Auszubildenden verständlich beizubringen.
Beispiel:
• Welche Fragen hatte der Auszubildende nach oder während der Unterweisung?
• Was wurde verstanden?
• Sind die Arbeitsschritte hängen geblieben / konnte er sie anschließend wiedergeben?
• Habe ich den Auszubildenden genügend motiviert / hat er Interesse gezeigt?
• War die Methode zielführend?

7. Anhang

• Ausbildungsrahmenplan für den Beruf **„Medientechnologe/in Druck".**
• Aufgabenblatt
• Arbeitsblatt
• Leittext/Leitfragen
• Präsentation

ADA Präsentation - Simon Wening

Thema der Unterweisung:

Bewerten eines Druckergebnisses nach Qualitätsstandards mit Hilfe des Spektralfotometer und Farbvorlagen z.B. Farbfächer oder Kundenmuster

Ausgangssituation

Unternehmensvorstellung

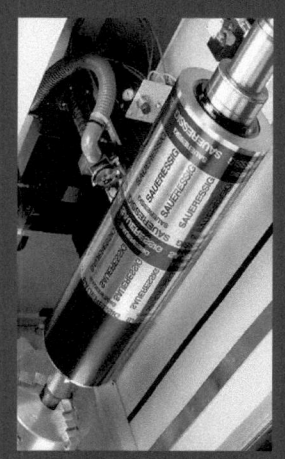

- SAUERESSIG - Matthews Brand Solutions
- Spezialisierter Druckformenhersteller-Tiefdruck
- Ausbildung zum Medientechnologe-Druck
- Standort Vreden ca. 600 Mitarbeiter

Adressatenanalyse

- Auszubildender Peter Stein 18 Jahre
- Fachhochschulreife erworben
- Ausbildungsstart war der 01.09.2013

Ausgangssituation

Vorkenntnisse

- Mehrtägiger Betriebsrundgang
- Umgang mit Farben, Beachten der UVV
- Benötigte Fachbegriffe zuordnen und verstehen

Lernort

- Zuerst ein ruhiger Schulungsraum
- Nachher regulärer Arbeitsplatz (Andruckmaschine)

Zeitpunkt

- Beginn 9:30 Uhr
- Dauer 2 Stunden

Lfd. Nr.	Teil des Ausbildungsberufsbildes	Zu vermittelnde Fertigkeiten, Kenntnisse und Fähigkeiten	Zeitliche Richtwerte in Wochen im	
			1. bis 18. Monat	19. bis 36. Monat
1	2	3	4	
3	Steuern von Druckprozessen (§ 4 Absatz 2 Abschnitt A Nummer 3)	a) laufende Druckprozesskontrolle durchführen, dabei Fehler im Prozessablauf, des Druckergebnisses und Störungen im Maschinenablauf erkennen und beheben		
		b) Druckergebnis visuell und messtechnisch prüfen, Messparameter auswählen, Messtechnik anwenden, Messresultate auswerten, Vergleich zwischen Druckergebnis und Sollvorgaben vornehmen, Maßnahmen zur Korrektur des Fortdruckergebnisses ableiten	28	
		c) Wirkungszusammenhän... von Steuer- und Regelprozessen sowie Sensoren... nd mechanischen, pneuma...		

Richtlernziele **Groblernziele** **Zeitliche Einordnung**

Vorge. Lernziel
- *Selbstständiges* Planen des weiteren Vorgehens. Infos auswerten

Feinlernziel
- Der Auszubil. kann *selbstständig* Drucke bewerten und Korrekturen vornehmen

Nachge. Lernziel
- Bezug zu Produktionsaufträgen und alltägliche Situation erkennen

Bereiche der Feinlernziele

- *Kognitiver* = Funktionsweisen des Spektralfotometer kennen, vestehen, erklären und anwenden können **(Fachkompetenz)**

- *Kognitiver* = Auswirkungen auf die Qualität kennen bei ungenauen Messungen **(Fachkompetenz)**

- *Kognitiver* = Toleranzen kennen und bewerten, kann der Druck gestartet werden? **(Selbstkompetenz)**

- Psychomotorischer = Spektralfoto. richtig positionieren, durch wiederholtes Üben seine **Selbstkompetenz** stärken

- Affektiver = pflegerischer und gewissenhafter Umgang mit den Geräten unter Einhaltung der UVV (Sozial- und Selbstkompetenz)

Leittext-Methode "6 Stufen"

- Wir beginnen mit der Einleitung: offenes Gespräch, Thema verkünden, Vorwissen prüfen, ...

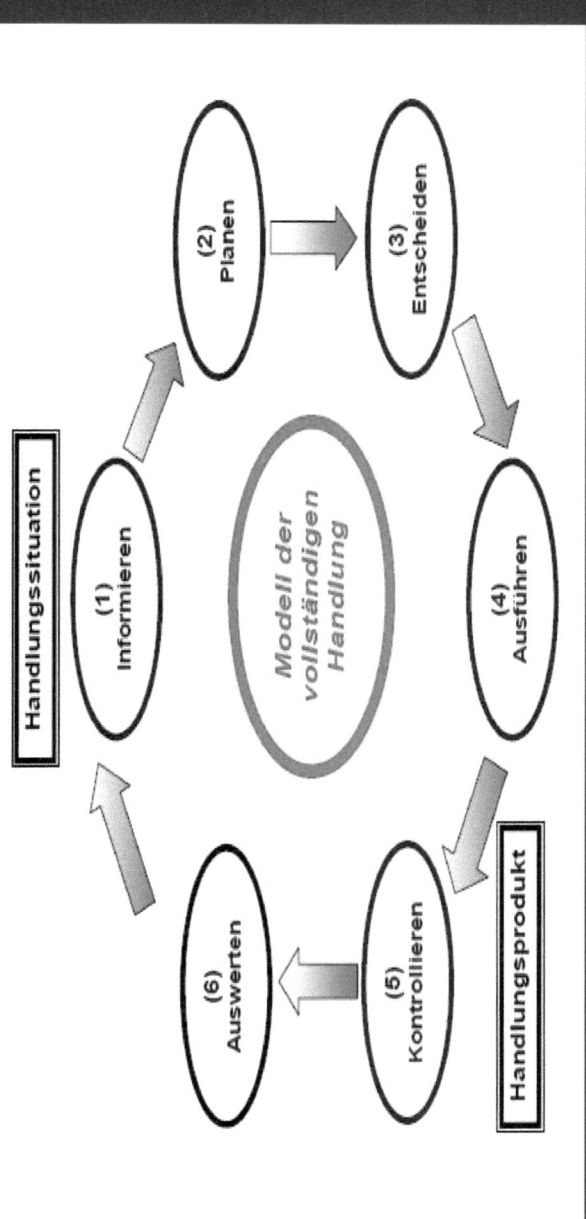

- **Das Modell der vollständigen Handlung** wurde gewählt, um seine **Selbstständigkeit auszubauen**

Kontrolle & Bewertungsmaßstab

Lernerfolgskontrolle

ⓘ Sichtkontrolle + nachmessen

ⓘ Frage & Antwort Gespräch

ⓘ Festigung → Lückentext, neue Aufgabe

Bewertungsmaßstab

ⓘ Sind die Aufgaben richtig? (Fachkompetenz)

ⓘ Bezug zu anderen Fällen? (Methodenkompetenz)

ⓘ Kooperiert er mit mir? (Sozialkompetenz)

ⓘ Motiviert, Eigeninitiative? (Selbstkompetenz)

Selbstkontrolle

ⓘ Was wurde verstanden?

ⓘ Richtige Methode gewählt?

ⓘ Wurde der Auszubildende genug motiviert?

BEI GRIN MACHT SICH IHR WISSEN BEZAHLT

- Wir veröffentlichen Ihre Hausarbeit,
  Bachelor- und Masterarbeit

- Ihr eigenes eBook und Buch -
  weltweit in allen wichtigen Shops

- Verdienen Sie an jedem Verkauf

Jetzt bei www.GRIN.com hochladen
und kostenlos publizieren